I0026324

DISSERTATION

Sur la QUESTION *de savoir si la Femme mariée, sous le régime dotal, a besoin de prendre une inscription hypothécaire, pour conserver son hypothèque légale sur les biens de son Mari, à raison des créances dérivant de ses biens paraphernaux.*

PAR M. DUPORT-LAVILLETTE, *ancien Jurisconsulte de Grenoble.*

A GRENOBLE;

De l'Imprimerie de la V.e PEYRONARD, au Jardin-de-Ville, n.º 3. — 1819.

loi dernière, *Cod. de pactis conventis*, donnait aussi à la femme une hypothèque légale pour son action en répétition, mais cette hypothèque ne remontait qu'à l'époque de l'exaction qu'avait faite le mari, des capitaux appartenant à sa femme en paraphernal.

Le régime de la communauté, qu'on suivait dans les pays coutumiers, était d'une nature différente. Sous ce régime on distinguait les biens personnels de chaque époux, d'avec les biens de la communauté.

Ceux-ci se composaient, en règle générale, des meubles qui appartenaient à chacun des époux à l'époque du mariage, de ceux qui pouvaient leur écheoir dans la suite, et de toutes les acquisitions tant en meubles qu'en immeubles, qui se faisaient pendant la durée du mariage, par le moyen de leurs économies sur leurs revenus ou de leurs travaux respectifs.

Les biens propres à chacun des époux qui n'entraient pas en communauté, se composaient des immeubles qu'ils avaient à l'époque du mariage, et de ceux qui leur survenaient dans la suite, par donation et par succession.

Le mari était maître absolu des biens de la communauté pendant la durée du mariage, et lorsqu'il était dissous, ces biens étaient partagés par moitié entre le conjoint survivant et les héritiers de l'autre, à moins que la femme ou ses héritiers ne renon-çassent à la communauté, ce qu'ils avaient la faculté de faire.

Quant aux biens propres de la femme, le mari seul en avait l'administration et la jouissance pen-dant le mariage, de la même manière que s'ils eussent été dotaux, mais ils ne pouvaient être aliénés que par la femme elle-même, du consentement de son mari, qui, en ce cas, était tenu de lui en faire le remploi, et alors, après la dissolution du mariage, la femme avait une hypothèque légale sur tous les biens propres du mari, pour toutes les reprises qu'elle avait à exercer contre lui, hypothèque qui remontait à l'époque de son mariage.

Ces règles générales du regime de la commu-nauté pouvaient être changées et modifiées de mille manières, par les conventions matrimoniales, dans lesquelles on pouvait insérer des stipulations qui rendaient les effets de ce régime absolument semblables à ceux du régime dotal.

Ainsi, par exemple, on pouvait stipuler que les époux seraient séparés de biens et sans communauté, auquel cas la femme mariée demeurait absolument maîtresse, tant des capitaux que des revenus de ses biens-meubles et immeubles, comme elle l'était de ses biens paraphernaux sous le régime dotal, sauf qu'elle ne pouvait pas obliger ni aliéner ses immeubles sans l'autorisation de son mari ou de la justice.

Lorsque le corps législatif établit le système de la publicité des hypothèques, par la loi du 11 brumaire an 7, il obligea tous les créanciers hypothécaires, indistinctement, à prendre des inscriptions au bureau des hypothèques, pour pouvoir acquérir ou conserver les hypothèques légales, judiciaires ou conventionnelles ; les femmes mariées, les mineurs, le gouvernement et les établissemens publics, furent assujettis, comme les créanciers ordinaires, à cette formalité, sans laquelle aucune hypothèque ne pouvait exister.

Quand on rédigea le Code civil, on eut pour objet principal de faire cesser la diversité de jurisprudence qui régnait entre les diverses provinces de la France, et d'établir par-tout une législation uniforme.

On ne voulut pas, cependant, contrarier entièrement les usages établis dans chaque pays, par suite de l'association conjugale; on laissa en conséquence aux citoyens la faculté d'adopter le régime de la communauté ou le régime dotal au gré de leur volonté; mais comme le régime de la communauté était le plus généralement suivi auparavant, l'article 1393 du Code civil en forma le droit

commun de la France , et voulut qu'il fût suivi
par tous les Français, dans tous les cas où les
contractans n'y auraient pas dérogé par une conven-
tion spéciale. Le régime dotal ne devait plus avoir
lieu, qu'autant que les époux s'y seraient formel-
lement soumis dans leur contrat de mariage, et
l'art. 1392 du Code dispose même qu'il ne suffit pas
que la femme se soit constitué ou qu'on lui ait
constitué des biens en dot, pour que ces biens
soient soumis au régime dotal; qu'il ne suffit pas
non plus que les époux aient déclaré qu'ils se
mariaient sans communauté, ou qu'ils seraient
séparés de biens, et qu'il faut nécessairement que
les époux déclarent, d'une manière formelle, se
soumettre au régime dotal, pour que leurs intérêts
soient réglés d'après ce régime.

Le Code civil a ensuite déterminé les divers
effets tant du régime de la communauté que du
régime dotal, et il a adopté, sous quelques modifi-
cations, les principes qui régissaient anciennement
chacun de ces régimes.

La principale modification apportée à l'ancien
régime dotal, a été d'assujettir la femme qui avait
des biens paraphernaux, à ne pouvoir obliger ni
aliéner les immeubles qui en dépendaient, qu'avec
l'autorisation de son mari. Cette autorisation est
devenue nécessaire pour tous les actes importans

que veut faire la femme, sous quelque régime qu'elle soit mariée, et lors même qu'elle est séparée de biens, et si le mari refuse de l'autoriser, elle ne peut contracter valablement qu'en obtenant l'autorisation de la justice ; c'est ce qui résulte des articles 217 et 218 du Code.

D'après cette restriction apportée aux droits des femmes mariées, il peut arriver que leur condition, sous le régime dotal, soit absolument la même que sous le régime de la communauté, selon les diverses conventions que les époux peuvent insérer dans leur contrat de mariage.

Ainsi, par exemple, la femme mariée sous le régime de la communauté, mais avec la clause de séparation de biens, a absolument les mêmes droits et se trouve soumise aux mêmes obligations que la femme mariée sous le régime dotal, mais dont les biens sont paraphernaux. On peut aisément s'en convaincre en comparant les art. 1536 et suivans du Code avec les art. 1574 et suivans, on verra qu'ils renferment absolument les mêmes dispositions, quoiqu'ils aient été faits pour chacun des deux régimes.

Quand on a ensuite rédigé le titre du Code sur les priviléges et hypothèques, on a spécifié les divers genres d'hypothèque dont les immeubles pouvaient

être grevés ; on les a divisés en trois, les conventionnelles, les judiciaires et les légales.

L'art. 2121 dispose que les droits et créances
auxquels l'hypothèque légale est attribuée, *sont
ceux des femmes mariées, sur les biens de leurs
maris*, ceux des mineurs et interdits, sur les biens
de leurs tuteurs, et ceux de la nation, des communes
et des établissemens publics, sur les biens des rece-
veurs et administrateurs comptables.

On se proposait d'abord, dans le projet du Code,
de soumettre toutes les hypothèques à la formalité
de l'inscription, comme on l'avait fait dans la loi
du 11 brumaire an 7 dont on adoptait les principes;
mais l'expérience avait appris qu'en ce qui concer-
nait les hypothèques des femmes mariées, des
mineurs et des interdits, la nécessité de l'inscription
les mettait dans le cas de perdre absolument leurs
créances, toutes les fois que les maris ou les tuteurs
devenaient insolvables, parce qu'étant soumis à
l'autorité de leurs maris ou de leurs tuteurs, ils
étaient le plus souvent dans l'impuissance d'agir et
de remplir la formalité que la loi exigeait.

On résolut donc de prévenir cet inconvénient,
en exceptant les femmes mariées, les mineurs et les
interdits de la règle générale, et en maintenant

leurs hypothèques dès le jour où elles avaient pris naissance, nonobstant le défaut d'inscription.

En conséquence, après avoir statué, en règle générale, dans l'art. 2134, que l'hypothèque, soit légale, soit judiciaire, soit conventionnelle, n'a de rang que du jour de l'inscription prise par le créancier sur les registres du conservateur, dans la forme et de la manière prescrites par la loi, *sauf les exceptions portées en l'article suivant*, on a déterminé ces exceptions dans l'art. 2135, comme ci-après :

« L'hypothèque existe indépendamment de toute
» inscription,

» 1.º Au profit des mineurs et interdits, sur les
» immeubles appartenant à leurs tuteurs, à raison
» de sa gestion, du jour de l'acceptation de la
» tutelle ;

» 2.º Au profit des femmes, pour raison de leurs
» dots et conventions matrimoniales, sur les immeu-
» bles de leurs maris, à compter du jour de leur
» mariage.

» La femme n'a hypothèque, pour les sommes
» dotales qui proviennent de successions à elle
» échues, ou de donations à elle faites pendant le
» mariage, qu'à compter de l'ouverture des succes-
» sions ou du jour que les donations ont eu leur
» effet.

» Elle n'a hypothèque, pour l'indemnité des
» dettes qu'elle a contractées avec son mari, et
» pour le remploi de ses propres aliénés, qu'à
» compter du jour de l'obligation ou de la vente.

» Dans aucun cas la disposition du présent
» article ne pourra préjudicier aux droits acquis à
» des tiers, avant la publication du présent titre ».

Cette dernière disposition a eu pour objet de
maintenir les droits qui auraient été précédemment
acquis au préjudice des femmes mariées, à d'autres
créanciers ou à des acquéreurs de leurs maris, qui,
sous l'empire de la loi du 11 brumaire an 7, auraient
fait inscrire leurs créances ou transcrire leurs
constrats d'acquisition, tandis que la femme n'aurait
pas elle-même fait inscrire son hypothèque légale.

Il faut bien remarquer que cet article n'a fait
aucune distinction entre les femmes mariées sous le
régime dotal et celles qui le sont sous le régime de
la communauté. Il forme, à leur égard, le complé-
ment de l'art. 2121 ; cet article accordait déjà aux
femmes une hypothèque légale pour *tous leurs droits
et créances* sur les biens de leurs maris, sans aucune
limitation ni exception. L'objet de l'art. 2135 n'a été
que de dispenser les femmes mariées de toute
inscription pour la conservation de cette même
hypothèque, quelles que fussent leurs créances, et

quel que fût le régime sous lequel elles avaient été mariées.

Si l'on a divisé en trois classes les créances pour lesquelles leur hypothèque serait dispensée d'inscription, ce n'a pas été pour limiter cette dispense à certaines créances, en laissant subsister la nécessité de l'inscription pour les autres, mais uniquement pour distinguer les époques auxquelles devait remonter l'hypothèque de leurs créances, selon leurs diverses natures.

Dans le premier projet arrêté par le Conseil d'Etat, on avait simplement exprimé que l'hypothèque existait, indépendamment de toute inscription, au profit des femmes, sur les biens de leurs maris, *pour raison de leurs dot,* REPRISES *et conventions matrimoniales, à dater du jour du mariage.*

Ces expressions s'appliquaient évidemment à toutes les espèces de créances que les femmes pouvaient avoir sur les biens de leurs maris, car ces créances, d'où qu'elles proviennent, forment toujours des *reprises* à la dissolution du mariage.

Mais le Tribunat fit observer qu'il n'était pas juste de faire remonter, à l'époque du mariage, l'hypothèque de toutes les reprises de la femme sans exception; qu'il ne fallait leur accorder cette hypothèque que pour leur dot primitive et pour les conventions résultant du contrat de mariage; qu'à l'égard des dots qui leur seraient échues postérieurement par donation ou par succession, les biens du mari ne devaient pas en être grevés avant qu'il eût pu s'en prévaloir, et qu'ainsi il fallait restreindre la naissance de leur hypothèque aux époques de l'ouverture des successions ou des donations qui avaient donné lieu à l'augmentation de la dot.

On prévit en même tems que les femmes pourraient devenir créancières de leurs maris, parce qu'elles se seraient obligées personnellement pour son compte, ou parce que les maris auraient profité de l'aliénation des biens à elles propres, et on voulut également que l'hypothèque de ces créances ne pût remonter qu'aux époques de l'obligation ou de la vente.

Ces changemens proposés par les Tribuns, à la rédaction primitive qu'avait faite le Conseil d'Etat, furent définitivement adoptés, et on peut vérifier, dans le procès-verbal des conférences du Code civil, qu'en proposant et adoptant ces changemens, le Tribunat et le Conseil d'Etat ne songèrent qu'à distinguer le rang que devaient avoir les diverses hypothèques des femmes maintenues sans inscriptions, et non pas à les priver de ce droit d'hypothèque pour quelques-unes de leurs créances.

En distinguant ainsi les divers rangs d'hypothèque

que la femme devait obtenir sans inscription,
suivant la nature de ses créances, il fallut nécessairement retrancher le mot *reprises*, qui s'appliquait à
tout, de la première partie de l'article dans laquelle
on ne parlait que des créances dont l'hypothèque
devait remonter au mariage, et c'est pourquoi cette
partie ne subsiste que pour la dot et les conventions
matrimoniales; les autres espèces de reprises ont été
détaillées dans les paragraphes subséquens, pour y
assigner un autre rang d'hypothèque.

Mais toujours est-il évident que les Législateurs
ont voulu appliquer la dispense de l'inscription à
toutes les espèces de créances de la femme mariée,
qui toutes avaient une hypothèque légale plus ou
moins ancienne.

Tous les genres de créance qu'une femme peut
avoir sur les biens de son mari se trouvent en effet
compris dans les trois paragraphes de l'article 2135
qui concernent les femmes mariées.

Le premier paragraphe est relatif à leurs dots et
à leurs conventions matrimoniales; il porte sur tous
les objets dont les femmes ont pu devenir créancières,
en vertu des conventions de leur contrat de mariage;
il porte spécialement sur les dots qu'elles avaient
alors, et il ne peut pas être question de distinguer
si elles sont mariées sous le régime dotal ou sous

celui

celui de la communauté, car quoiqu'il n'y ait de
dot proprement dite que sous le régime dotal, on a
toujours donné le même nom aux biens personnels
que les femmes apportaient en mariage sous le
régime de la communauté, parce qu'en effet le Code
civil accorde au mari, sur les biens personnels présens et à venir de sa femme, quoiqu'ils ne fassent
pas partie de la communauté, les mêmes droits de
jouissance et d'administration que sur les biens
vraiment dotaux; il n'y a de différence que sur la
faculté de les aliéner; aussi voit-on dans l'article
1392 du Code, que la simple constitution des biens
de la femme en dot ne suffit pas pour empêcher que
les époux ne soient soumis au régime de la communauté.

Le 2.ᵉ paragraphe a pour objet les sommes dotales
provenant de donations ou de successions échues à
la femme pendant le mariage; il s'applique également aux deux régimes de la dot et de la communauté, puisque, dans l'un comme dans l'autre, les
biens présens et à venir de la femme peuvent être
dotaux.

Quant au 3.ᵉ paragraphe, il s'applique aussi à
tous les genres de biens de la femme, mais plus
spécialement aux créances dérivant des biens qui
ne lui sont point dotaux, et dont elle a conservé la

jouissance et l'administration à l'exclusion de son mari.

Elle peut devenir créancière à raison des mêmes biens, soit parce qu'ils ont été aliénés au profit du mari, qui est alors obligé de lui en fournir le remplacement, soit parce qu'elle a elle-même obligé les mêmes biens envers des tiers pour le compte de son mari, qui est alors soumis à la garantir de ses obligations ou à lui en rembourser le montant si elle a été obligée de les payer.

Ce n'est que de ces deux manières que la femme, libre en ses biens, peut devenir créancière de son mari; car de quelque façon qu'il se prévaille des mêmes biens, c'est toujours une aliénation des biens propres de la femme, faite au profit du mari, ou la suite d'un engagement qu'elle aurait contracté pour lui.

La loi ne distingue pas non plus, dans ce dernier paragraphe, s'il s'agit de la femme commune ou de la femme soumise au régime dotal; et, comme sous les deux régimes, elle peut avoir également des biens libres qui auront été engagés ou aliénés au profit de son mari, il n'y a aucune raison de restreindre la disposition de la loi, au cas où la femme est soumise au régime de la communauté : *Ubi lex non distinguit, nec nos distinguere debemus.*

C'est cependant sur le fondement que cette restriction , dont la loi ne parle pas , semble résulter des expressions qu'on a employées dans le dernier paragraphe, qu'on prétend soumettre la femme à la nécessité de l'inscription pour ses créances paraphernales, quand elle est mariée sous le régime dotal.

Mais comment a-t-on pu imaginer une semblable restriction? La loi porte d'abord que la femme n'*a hypothèque, pour l'indemnité des dettes qu'elle a contractées avec son mari, que du jour de l'obli-gation ;* il n'est point question là de la femme dotée ni de la femme commune, mais de la femme mariée en général. Pour pouvoir limiter cette distinction à la femme commune, il faudrait que, sous le régime dotal, la femme ne pût pas contrac-ter des dettes avec son mari et pour lui.

Mais depuis que le Code civil a abrogé le sénatus-consulte velléïen , qui ne permettait pas aux femmes de s'obliger pour autrui, la femme soumise au régime dotal n'est incapable de s'obliger pour son mari qu'à raison de sa dot ; si elle a des biens paraphernaux , elle peut les vendre et les engager, tant pour elle que pour autrui et pour son mari lui-même, pourvu qu'elle y soit autorisée, soit par son mari , soit par la justice.

Donc en accordant une hypothèque légale à la femme mariée en général, pour l'indemnité des dettes qu'elle aura contractées pour son mari, on n'a point entendu refuser cette hypothèque à la femme, soumise au régime dotal, qui s'est engagée pour son mari sur ses biens paraphernaux.

Mais la loi dispose ensuite que la femme a également hypothèque pour le *remploi de ses propres aliénés*, du jour de la vente ; et comme ce mot *propres* était jadis employé communément pour distinguer les biens personnels des époux d'avec ceux qui entraient en communauté, on a voulu en conclure que la disposition dont il s'agit, ne devait s'appliquer qu'à l'aliénation des propres de communauté, et non pas à l'aliénation des biens paraphernaux.

Mais de ce que les biens personnels des époux sont appelés *propres* dans l'usage, sous le régime de la communauté, faut-il en conclure que, dans le sens de la loi, cette expression ne puisse désigner que les biens personnels de la femme commune ? Pourquoi ne prendrait-on pas ce mot *propres*, dans sa signification la plus générale et la plus étendue, dès que la loi ne parle pas du tout de communauté ? N'est-il pas évident que les biens *propres* de qui que ce soit, sont ceux qui lui appartiennent en

toute propriété, quelles que soient leur qualité, leur
nature et leur origine ?

C'est évidemment dans ce sens général que les
rédacteurs du Code ont employé le mot *propres*
dans l'art. 1235 ; ils ont voulu désigner tous les
biens dont la femme conservait la propriété et la
disposition ; et ce qui le prouve d'une manière
indubitable, c'est que dans aucune autre partie du
Code, les législateurs ne se sont servis de l'expression de *propres* , pour désigner les biens personnels
des époux sous le régime de la communauté.

Qu'on parcoure tout le titre du contrat de mariage,
qu'on lise tous les articles qui tendent à distinguer
les biens de la communauté d'avec ceux dont la
propriété exclusive demeure à chacun des époux,
par-tout la loi désigne cette dernière espèce de
biens sous le nom de biens *personnels* des époux,
et non pas sous celui de *propres*. Ce dernier terme
n'est employé que dans le chapitre du régime dotal,
à l'art. 1546, et c'est pour expliquer que la dot
constituée à la femme, par ses père et mère, ne
doit pas être prise sur les biens qui lui appartiennent
personnellement , et que la loi désigne par l'expression de biens *à elle propres*. Donc, les rédacteurs n'ont pas voulu donner la qualification spéciale de propres aux biens personnels des époux

communs, malgré l'usage où l'on était précédemment de les appeler ainsi ; donc , lorsqu'ils ont
employé ce terme dans un article où il n'était pas
question de communauté, et qui était relatif aux
droits des femmes mariées en général , ils ont
entendu lui donner la signification la plus étendue
qu'il pouvait avoir , et désigner les propres paraphernaux de la femme soumise au régime dotal,
tout comme les propres personnels de la femme
commune ; car les uns et les autres sont également
des biens propres à la femme (1).

On peut d'autant moins se refuser à admettre

_____

(1) On peut ajouter que le remploi des propres aliénés,
dont parle l'art. 2135, doit aussi s'entendre du remploi des
immeubles dotaux vendus au profit du mari, pour des causes
non prévues dans le contrat de mariage, et dans les cas parti-
culiers où cette aliénation est permise par le Code. La femme
doit avoir une hypothèque légale pour le remboursement du
prix de ces ventes; mais cette hypothèque ne doit pas remonter
au contrat de mariage, qui n'a pas autorisé l'aliénation, au préjudice des autres créanciers qui ont contracté, dans l'intermé-
diaire, avec le mari, dans la confiance que les immeubles
dotaux, étant inaliénables, ne pourraient donner lieu à aucune
reprise de la femme sur les biens du mari; cette hypothèque ne
doit être accordée à la femme que du jour de la vente , et la
partie de l'art. 2135, relative au remploi des propres aliénés,
doit s'appliquer à ce cas comme à tous ceux qui concernent
l'aliénation des biens appartenant à la femme.

cette interprétation, que le même paragraphe, parlant de l'hypothèque des dettes contractées par la femme avec son mari, ne peut point être restreint à la femme commune, dès que celle qui est sous le régime dotal peut également contracter des dettes pour son mari.

Si les législateurs eussent voulu exclure de la disposition qu'ils faisaient en termes généraux, les créances de la femme provenant de ses biens paraphernaux, n'auraient-ils pas eu soin de l'expliquer positivement, et auraient-ils gardé le silence sur un point aussi important?

J'ai déjà remarqué que, sous le régime dotal, les droits de la femme qui n'a que des biens paraphernaux sont exactement semblables à ceux de celle qui a contracté sous le régime de la communauté, avec la clause de séparation de biens; or, si, dans ce dernier cas, on reconnaît que la femme doit avoir une hypothèque sans inscription, pour le remploi de ses biens propres aliénés, pourquoi ne l'aurait-elle pas dans un autre cas absolument semblable? La femme mérite-t-elle moins de faveur sous un régime que sous l'autre?

D'autres dispositions du Code doivent achever de convaincre que la dispense de l'inscription doit s'appliquer à toutes les créances des femmes en général.

On a déjà remarqué ci-devant, que dans le premier projet du Code, on voulait maintenir les
hypothèques des femmes sans inscription, du jour
de leur contrat de mariage, pour leurs dots, *reprises*
et conventions matrimoniales, et que le mot reprises
qui comprenait toutes sortes de créances, ne fut
retranché de la première partie de l'article, que
parce qu'on ne voulait pas faire remonter à l'époque
du mariage l'hypothèque légale de toutes les reprises
matrimoniales sans distinction.

En dispensant les femmes de s'inscrire, on a
voulu en même-tems assurer aux acquéreurs des
biens de leurs maris la faculté d'acquérir solide-
ment, et de se prémunir contre les hypothèques
légales qui ne leur seraient pas connues ; en conséquence, les articles 2193 et suivans ont prescrit les
formalités que les acquéreurs pourraient remplir
pour purger les hypothèques légales non inscrites.

L'art. 2193 dispose d'abord, en général, que les
acquéreurs d'immeubles appartenant à des maris
pourront purger les hypothèques qui existeront sur
les biens par eux acquis, lorsqu'il n'existera pas
d'inscription sur lesdits immeubles, *à raison des
dots*, REPRISES *et conventions matrimoniales de
la femme.*

L'art. 2194 indique les formalités que les acquéreurs auront à remplir pour user de cette faculté.

Ensuite l'art. 2195 ajoute que, si dans les deux mois après l'observation de ces formalités, il n'a pas été fait d'inscription du chef des femmes sur les immeubles vendus, ils passent à l'acquéreur, sans aucune charge, à raison *des dots*, REPRISES *et conventions matrimoniales de la femme.*

Il résulte clairement de ces deux articles, que la dot, les *reprises* et les conventions matrimoniales de la femme, ont indistinctement une hypothèque légale maintenue sans inscription, et que cette hypothèque doit subsister sur les biens vendus par le mari, si l'acquéreur ne remplit pas les formalités que la loi exige pour les purger, et s'il ne met pas la femme en demeure de s'inscrire dans un délai donné; et comme le mot *reprises* comprend toutes les espèces de créances de la femme mariée, comme c'est sous cette acception générale que les rédacteurs du Code l'ont envisagé, quand ils l'ont retranché de l'article où il s'agissait de faire remonter l'hypothèque de la femme jusqu'à son mariage, il n'y a pas de doute, d'après les dispositions relatives à la purgation de l'hypothèque légale, qu'ils n'aient bien eu l'intention de dispenser la femme de s'inscrire pour toute espèce de créances.

On objecte que le principal motif qui a déterminé les Législateurs à dispenser les femmes mariées de

s'inscrire, c'est parce qu'elles sont dans l'impuissance d'agir pendant la durée du mariage, mais
que cette impuissance n'existe pas à l'égard de leurs
biens paraphernaux, puisque la loi leur en donne
la libre administration et jouissance, en sorte que
rien ne les empêche de prendre des incriptions
pour conserver les hypothèques qui en dérivent.

Rien n'est plus facile que de réfuter cette objec-
tion; d'abord, il faut remarquer que, depuis le
Code civil, la femme est aussi bien sous la dépendance de son mari pour la disposition de la propriété de ses biens paraphernaux, que pour celle
de tous ses biens personnels quand elle est en
communauté, car elle ne peut ni les obliger ni les
aliéner sans l'autorisation de son mari ou, à son
refus, de la justice, et la femme commune peut,
avec la même autorisation, obliger et aliéner tous
ses biens personnels, en sorte qu'il n'y a aucune
différence dans les pouvoirs de la femme, quant à
la propriété de ces deux genres de biens.

Ensuite, il ne s'agit point ici de l'aliénation ni de
l'administration des biens de la femme, mais seulement de la faculté de prendre des inscriptions; or,
quelle que soit la nature des créances de la femme,
qu'elles soient dotales ou paraphernales, elle n'est
point dans une impuissance physique et absolue de

les faire inscrire ; la loi lui laisse, à cet égard,
pour les uns comme pour les autres, la liberté la
plus grande, sans qu'elle ait besoin du concours
de son mari ; et si elle craint de requérir des
inscriptions elle-même en personne, elle peut les
faire faire, en son nom, par un parent, par un
ami, ou par le ministère public.

Si les législateurs se sont fondés sur l'impuissance
de la femme pour la dispenser de s'inscrire, ils
n'ont pas eu en vue une impuissance physique qui
n'existe pas, mais une impuissance purement morale;
on a considéré que la femme étant soumise à l'autorité maritale par la nature, par les préceptes de
la religion et par le droit civil, ne pouvait contrarier
les volontés de son mari sans de graves inconvéniens;
que lorsque le mari, pour son intérêt personnel, ne
voulait pas souffrir que sa femme fît inscrire ses
droits, elle ne pouvait pas le faire sans s'aliéner le
cœur de son mari, et sans jeter dans son ménage
des semences de haine et de discorde qui pourraient
avoir les suites les plus funestes pour son repos et
sa tranquillité, et lui rendre la vie insupportable.

Cette impuissance morale existe pour les créances paraphernales de la femme aussi bien que pour
tous ses autres droits, car si le mari ne veut pas que
ses biens soient grevés d'hypothèque, il a intérêt

d'empêcher l'inscription des unes aussi bien que des autres (1).

L'impuissance d'agir qui a motivé la disposition de l'art. 2135 du Code, ne peut donc pas servir de prétexte pour excepter les créances paraphernales des dispositions de cet article.

Si l'on veut connaître plus parfaitement encore quelle a été, à cet égard, l'intention des Législateurs, il ne faut que lire l'exposé fait par M. le conseiller d'Etat Treillard, quand il présenta au corps-législatif le titre du Code sur les privilèges et hypothèques.

Après avoir expliqué quels étaient les divers genres d'hypothèque légale , et que cette hypo-

_____

(1) La femme a le droit de jouir de ses biens paraphernaux et de les administrer sans l'intervention de son mari. Cependant l'art. 1579 du Code prévoit que le mari pourra s'emparer et jouir des mêmes biens, malgré l'opposition bien constatée de sa femme , et le soumet alors à lui rendre compte des fruits. Or, si le Code suppose que le mari a assez d'autorité pour s'approprier les biens paraphernaux , malgré sa femme et malgré la loi qui lui en interdit la jouissance et l'administration, à plus forte raison a-t-elle dû prévoir que le mari pourrait empêcher sa femme de s'inscrire pour ses créances paraphernales et prémunir celle-ci contre les dangers de cet empêchement.

thèque était accordée aux femmes sur les biens des maris, *pour la conservation de leurs dots,* REPRISES *et conventions matrimoniales*, ce qui comprend en général tout ce que les maris peuvent leur devoir, il se demande si l'inscription sera nécessaire pour assurer l'effet des diverses hypothèques légales?

« Ici, ajoute-t-il, nous avons cru devoir adopter » une distinction tirée de la différente position de » ceux à qui la loi a donné l'hypothèque.

» La femme, le mineur, les interdits sont dans » une impuissance d'agir, qui souvent ne leur per- » mettrait pas de remplir les formes auxquelles la » loi attache le caractère de la publicité; perdront- » ils leur hypothèque parce que ces formes n'auront » pas été remplies? Serait-il juste de les punir d'une » faute qui ne serait pas la leur?

» Le mari, le tuteur chargés de prendre les ins- » criptions sur leurs propres biens, ne peuvent-ils » pas avoir un intérêt à s'abstenir de cette obliga- » tion? En ne leur supposant pas d'intérêt contraire » à celui de la femme ou des mineurs, ne peuvent-ils » pas se rendre coupables de négligence? Sur qui » retombera le poids de la faute? Sur le mari, » dira-t-on, ou sur le tuteur, qui, sans difficulté, » sont responsables de toutes les suites de leur

» prévarication ou de leur insouciance ; mais le
» mari ou le tuteur peuvent être insolvables, et le
» recours contr'eux fort inutile. Quel est celui qui
» se trouvera réduit à ce triste recours, ou de la
» femme et du mineur, ou des tiers qui, ne voyant
» pas d'inscription prise sur les biens du mari ou
» du tuteur, auraient contracté avec eux?

» Nous avons pensé que l'hypothèque de la
» femme ou du mineur ne pouvait pas être perdue,
» parce que ceux qui devaient prendre des inscrip-
» tions ne les auraient pas prises, et nous avons
» été conduits à ce résultat, par une considération
» qui nous a paru sans réplique.

» Les femmes, les mineurs ne peuvent agir ; le
» défaut d'inscription ne peut donc leur attirer
» aucune espèce de reproche. Celui qui a traité
» avec le mari ou avec le tuteur en est-il aussi
» parfaitement exempt? Il a dû s'instruire de l'état
» de celui avec qui il traitait ; il a pu savoir qu'il
» était marié ou tuteur ; il est donc coupable d'un
» peu de négligence ; c'est donc à lui qu'il faut
» réserver le recours contre le mari ou le tuteur ;
» et l'hypothèque de la femme ou du mineur ne
» doit pas être perdue pour eux, puisqu'enfin seuls
» ils sont ici sans reproche ; le défaut d'inscription
» ne leur sera donc pas opposé ».

On voit par là que les rédacteurs du Code ont voulu dispenser les femmes de l'inscription, pour toutes les créances en général qu'elles pouvaient avoir sur les biens de leurs maris, sans distinguer quelle était la nature de ces créances, ni si elles étaient sous le régime dotal ou sous celui de la communauté, parce qu'en effet leur impuissance d'agir, qui est purement morale, ne leur permet pas mieux de s'inscrire pour leurs créances paraphernales que pour leurs créances dotales et pour celles qui résultent du régime de la communauté ; elles se trouvent, dans tous les cas, sous la dépendance de leurs maris qui peuvent enchaîner l'exercice de leur volonté.

Si on eût voulu laisser subsister la nécessité de l'inscription à l'égard des femmes pour leurs créances paraphernales, on l'aurait exprimé dans le Code, et l'orateur du Conseil d'Etat n'aurait sur-tout pas manqué d'en faire mention ; mais on voit, au contraire, par la suite de son discours, que, de tous les divers genres d'hypothèque légale, il n'y avait que celles de la nation, des communes et des établissemens publics sur les biens de comptables, qui demeurassent soumises à la formalité de l'inscription, parce qu'il n'y avait pas les mêmes raisons pour les en dispenser.

Mais, dit-on encore, si les hypothèques dérivant des biens paraphernaux sont dispensées d'inscriptions, les tiers qui contracteront avec le mari, ne pourront jamais le faire d'une manière sure, parce qu'il leur sera impossible de connaître quels sont les biens paraphernaux de sa femme, et quels sont les capitaux dépendans de ces biens dont le mari s'est prévalu.

Mais lorsqu'une femme s'est constitué en dot tous ses biens présens et à venir, ou lorsqu'elle s'est mariée sous le régime de la communauté, les tiers peuvent-ils être mieux instruits des créances que la femme peut avoir acquises sur les biens de son mari? et ne leur est-il pas aussi facile de s'informer des créances résultant des biens paraphernaux, que de celles qui résultent des biens dotaux, quand la dot a été généralisée?

On peut même dire qu'il est plus avantageux pour les tiers; que la femme n'ait que des créances paraphernales, car ces créances ne pouvant acquérir une hypothèque que du jour où elles ont été contractées par le mari, le tiers qui devient créancier du mari, et acquiert une hypothèque sur lui, est assuré d'obtenir au moins la préférence sur les créances paraphernales que la femme pourrait acquérir dans la suite, et n'a besoin de s'informer que

que de celles qui pouvaient exister auparavant ; au lieu que lorsque la femme s'est constitué tous ses biens ou qu'elle s'est mariée en communauté, les tiers qui veulent contracter avec le mari ont à craindre d'être primés par les créances de la femme, non-seulement pour les sommes dotales que son mari a déjà reçues, mais encore pour celles qu'il est dans le cas de recevoir dans la suite, et dont il n'est pas encore débiteur, attendu qu'elles auront également hypothèque, à dater du jour du mariage.

Au surplus, le Code civil, en préférant les droits de la femme à ceux des tiers, a pris les précautions convenables pour que les tiers ne pussent pas être trompés. S'il a dispensé les femmes de se faire inscrire, l'art. 2136 impose en même tems aux maris l'obligation de faire inscrire eux-mêmes, *sans aucun délai, les hypothèques dont leurs biens sont grevés envers leurs femmes*, et il faut bien remarquer que cet article s'applique à toutes les hypothèques des femmes en général, ce qui indique toujours mieux qu'on n'a point entendu faire de limitation à leur égard, dans l'article précédent, pour la maintenue de leurs hypothèques sans inscription.

Par la disposition finale du même article 2136, si le mari n'a pas pris d'inscription au nom de sa femme, et qu'il vienne à consentir ou à laisser prendre sur ses immeubles des privilèges ou des hypothèques au profit des tiers, sans déclarer expressément l'hypothèque légale dont ses immeubles sont grevés envers sa femme, il est réputé stellionataire, et, comme tel, contraignable par corps.

Il n'y a donc que le mari qui soit obligé, dans l'intérêt des tiers, de faire lui-même inscrire toutes les hypothèques de sa femme en général, et si les tiers se laissent tromper par lui, la loi leur accorde la contrainte personnelle, pour les indemniser du préjudice que pourraient leur causer les hypothèques non inscrites de la femme; mais toujours ces hypothèques doivent exister sans inscription.

Quant aux tiers qui voudraient acquérir du mari, les art. 2193 et suivans leur donnent le moyen de se mettre à l'abri de tout danger, relativement aux droits des femmes qui leur seraient inconnus, c'est de purger les hypothèques légales, ce qu'ils peuvent faire en remplissant des formalités très-simples et peu dispendieuses. Deux mois après, les biens par eux acquis sont dégrevés de toute hypothèque de la femme, si elle n'a pas pris d'inscription, et, dans le cas contraire, ils peuvent se retenir, entre les mains, leur prix de vente, à concurrence des créances inscrites, en sorte que, dans aucun cas, ils ne peuvent se trouver en perte.

Ces diverses dispositions ne font aucune espèce de distinction entre les créances de la femme, quel que soit le régime sous lequel elle a été mariée; ainsi, l'on ne peut point invoquer l'intérêt des tiers, pour la soumettre à se faire inscrire pour ses droits paraphernaux. La même loi qui a pourvu à la conservation de tous les droits de la femme, sans en excepter aucun, a pourvu en même tems à l'intérêt des tiers, en leur fournissant le moyen de se mettre à l'abri du préjudice qu'ils pourraient recevoir du défaut d'inscription des créances de la femme.

Concluons donc que, sous aucun rapport, on ne peut pas révoquer en doute que l'hypothèque de la femme ne doive être maintenu sans inscription pour tous les genres de créance qu'elle peut avoir sur les biens de son mari indistinctément, et qu'il n'y a de différence à mettre, entre ces diverses créances, que relativement à l'époque à laquelle son hypothèque doit remonter.

Au reste, l'opinion que je viens de soutenir ne m'est pas particulière; elle a été professée par M. Merlin, ancien Procureur-général à la Cour de Cassation, dans son répertoire de Jurisprudence, au mot *inscription hypothécaire*, §. 3, n.os 9, 10 et 11, où il a fait valoir la plupart des raisons que je viens d'exposer, et en a tiré la même conclusion.

L'autorité de ce savant Magistrat est d'autant plus recommandable qu'il était, plus que personne, à portée de connaître l'intention des Législateurs qui ont rédigé le Code civil, et personne n'a jamais révoqué en doute la profondeur et la vaste étendue de ses connaissances en matière de législation tant ancienne que moderne.

La même opinion a été adoptée par la Cour royale de Riom, dans un arrêt rapporté dans le 18.ᵉ volume du recueil de Sircy, 2.ᵉ part., pag. 148. Il suffit de lire les motifs de cet arrêt pour se convaincre qu'il est parfaitement conforme au texte et à l'esprit des dispositions du Code civil.

Si quelques Cours royales des pays qui étaient jadis régis par le droit écrit ont jugé le contraire, c'est parce que les Magistrats, trop imbus des anciens principes du droit romain qui mettait la femme mariée dans une indépendance presque absolue de son mari, à raison de ses biens paraphernaux, n'ont pas assez fixé leur attention sur les changemens notables que le Code civil a apportés à cette ancienne législation ; mais je suis persuadé qu'ils n'hésiteront pas à revenir sur leurs premières décisions, et à fonder eux-mêmes une jurisprudence plus conforme à la législation moderne, quand ils auront examiné la question sous ses véritables rapports.

Ils se convaincront alors, 1.° qu'aujourd'hui la femme est soumise à l'autorité de son mari, pour la propriété de ses biens paraphernaux comme pour celle de ses autres biens.

2.° Que la même impuissance morale qui peut l'empêcher de s'inscrire pour ses créances dotales, existe également pour ses créances paraphernales sur les biens de son mari, et qu'en se fondant sur cette impuissance pour la dispenser de s'inscrire, les Législateurs ont dû l'étendre à toutes ses créances sans exception.

3.° Que l'art. 2121 du Code accorde en effet une hypothèque légale à la femme pour tous ses droits et créances sur les biens de son mari, sans aucune espèce de limitation.

4.° Que les auteurs du Code, dans la première rédaction de l'art. 2135, avaient dispensé la femme de s'inscrire pour ses dots, *reprises* et conventions matrimoniales, et qui comprenait également, sous l'expression générale de *reprises*, ses créances de toute nature.

5.° Que les additions et les corrections faites à cette rédaction, sur les observations du Tribunat, n'ont pas eu pour objet de limiter à certaines créances de la femme la dispense de l'inscription, mais seulement de distinguer les divers rangs

,d'hypothèque qu'on doit lui accorder, selon les divers genres de créances qu'elle peut avoir, et de ne faire remonter au mariage que l'hypothèque des créances contractées alors, ou qui résultent directement de ses conventions matrimoniales.

6.º Que les trois paragraphes de l'article 2135 s'appliquent aussi bien aux femmes mariées sous le régime dotal qu'à celles qui sont sous le régime de la communauté, et qu'on ne peut conclure d'aucune des expressions dont on s'est servi, qu'on ait voulu limiter à la femme commune une partie des dispositions de cet article.

7.º Que l'intention des Législateurs de maintenir sans inscription l'hypothèque légale des femmes mariées pour toutes leurs créances, est clairement manifestée par la discussion qui a précédé la rédaction définitive de l'article 2135, par l'exposé qu'a fait l'orateur du Conseil d'Etat des motifs de cet article, et sur-tout par la disposition formelle des articles 2193 et 2195 du Code, qui décident que l'hypothèque des dots, *reprises* et conventions matrimoniales des femmes (ce qui s'applique à toutes leurs créances sans exception) ne peut être purgée par les acquéreurs des biens du mari que de la manière indiquée par les mêmes articles, sans quoi elle doit continuer d'exister nonobstant le défaut d'inscription.

8.º Enfin, que l'intérêt des tiers n'est pas mieux
compromis par le maintien sans inscription de
l'hypothèque des créances paraphernales, qu'il ne
l'est par celui de l'hypothèque de la femme commune ou de celle dont tous les biens sont dotaux;
que la loi a d'ailleurs pourvu par d'autres dispositions
à ce qui concerne l'intérêt des tiers à qui le mari
n'aurait pas fait connaître les hypothèques dont il
est grevé envers sa femme, et qu'on ne peut pas
exiger pour eux d'autres suretés que celles que la
loi a prises en leur faveur.

www.ingramcontent.com/pod-product-compliance
Lightning Source LLC
Chambersburg PA
CBHW060755280326
41934CB00010B/2496